JN418190

빛방울 꽃

문수봉 제2시집

月刊文學 출판부

| 시인의 말 |

깊은 산속, 산장에서 보내는 봄, 여름, 가을, 겨울 사계절의 자연은 한마디로 꿈이었다. 그 꿈이 가슴 속을 헤집고 들어올 때 사람들의 마음을 울릴만한 시로 노래하고 싶었다.

시의 정령에게 아름다운 시상이 떠오를 수 있도록 혼을 불어 넣어 달라는 소망도 가졌다.

첫 번째 시집에서는 대부분 자연을 대상으로 여러 편의 시를 썼지만 두 번째 시집에서는 다양한 분야의 시를 선보이고 싶었다.

그러나 쉬운 일이 아니었다. 시의 정령과 또다시 대화를 해야 할까 저어한다. 내 마음 속에서 예쁘고 귀엽고, 사랑스럽고 정겹고 화려한 시어들이 자연스럽게 흘러나올 수 있도록 계속해서 도와달라고…….

"시의 정령이시여."

마음 속으로 조용히 불러 보지만 대답이 없다.

열심히 노력하고 상상의 나래를 활짝 펴보라는 무언(無言)의 암시를 하는 듯 하다.

앞으로 정신 줄이 흩어질 때까지 마음을 울리는 아름다운 시를 하얀 종이 위에 그리고 싶은 것이 나의 소망이다.

축하의 글을 올려주신 광주예총 임원식 회장님과 평설을 해 주신 노창수 문학박사님께 감사의 말씀을 드린다.

2019년 한여름 밤 장산제에서

문수봉

| 축하의 글 |

보다 높은 꿈을 향하여

임원식
(광주예총 회장)

엊그제 첫 번째 시집을 세상에 내 놓으시고 주변 문인들과 기뻐하시던 시인께서 오늘 두 번째 시집으로 100여 편의 시에 숨을 불어넣었다.

사계절의 자연과 더불어 꿈을 꾸었던 시인께서 새로운 시를 위해 몸부림을 하셨다. 뒤늦게 등단한 시인의 작품에는 세월의 경륜이 묻어난 진솔한 삶의 이야기들로 소박한 멋과 순수함이 그대로 어울려서 평안함을 준다.

시는 인간의 상상과 정서 속에서 태어난다.

시인의 인간 주변 모든 관계가 시 속에 생동하는 대화가 될 것이다. 평생을 진실 속에 살아오신 시인의 폭넓은 경험과 충동 속에 정서와 상상으로 삶을 높은 차원의 꿈으로 환원시킬 수 있으리라 믿는다.

시인께서는 시와 함께 살면서 꿈을 충실하게 펴나가실 것이다.

시집 『빗방울 꽃』의 출간을 축하드리며, 더욱 건승하시기를 기원한다.

차례

산 넘고 강 건너 1

장산제의 속삭임 2

꿈을 빌린 사랑 3

바다 위의 보름달 4

소리의 향연 5

운명은 여신처럼 6

춤추는 물안개 7

| 작품해설 |

1부
산 넘고 강 건너

안개바다 섬

산 넘고 강 건너

인생길
누가 가시밭이라 했던가

산 넘고
강 건너
멀리 왔더니

어둠 속에 보이는
길고 험한 삶의 길이

가슴 속 깊이
파고들어
눈물 짓는다

산 넘고
강 건너
찾아온 그곳에는

행복도 불행도
보이지 않네.

초승달

밤 하늘
둥근 보름달

컴컴한 어둠에
먹히면서

밝은 달
보이지 않고
사라졌네

칠흑 같은 어둠이
흐르더니
하늘에 예쁜 새댁
눈썹처럼

별들 사이 살짝 내민
초승달

누구의 사랑을
애타게 기다리는가.

소나무 옹알이

어둠이
산마루에
짙게 깔리는 밤

소곤소곤
소나무 옹알이가
새어나오고

밤이 무르익으면
별들과
정다운 이야기를 나눈다

별아
왜 높은 곳에서
살고 있니

소나무 넌
왜 항상 푸르니

별과 소나무는
대화를 나누며
한밤을
지샌다.

보라색 꽃

한여름 동안
줄기차게
뻗어나간 칡덩굴

온 산 나무들
큰 잎으로
휘감고 돌아

짙게 물든
파란 나뭇잎
아프게 하더니

가을바람에
보라색
아름다운 꽃을 피웠네.

눈 먼 장님

사랑은
눈 먼 장님인가

눈을 뜨고도
보지를 못하네

눈 앞에
보이는 아픈 상처

가슴 속
깊이 묻어놓고

지팡이에 의지하며
살아간다네.

변덕(變德)의 신

필리핀 세부(Cebu)
날씨가 변덕스러워

사람들의 마음을
우울하게 한다

비가 추적추적
내리더니

곧바로 해가
구름을 벗긴다

구름은 다시
해를 삼켜버리고

또 다시
비가 내린다

저 하늘 높은 곳에
변덕의 신이

인간들의
마음을
조롱하는가.

신(神)의 영역

태양이
하늘을 불태우고

둥근달이
바다에 빠져 버리는

상상의 날개를
달아주시고

하룻밤에
십여 편의 시상을
떠오르게 하더니

한 달이 가는 동안
한 편의 시상도 주지 않는
장난스러운 신

불타는 영감을 갖도록
신의 괴력을

내 마음 속에
오롯이 불어넣어

위대한
신의 영역에

인간이
다가갈 수 있도록
가슴을 열어주소서.

옐로우 시티

내가 태어난 곳
문불여(文不如) 장성(長城)

흥선대원군이
장성에서
글자랑은 하지 말라 하네

휴양 도시
색체 도시
부자 농촌

봄 가을이면
샛노란 꽃으로
산하를 물들이는 곳

황룡강 물줄기가
하늘로
힘차게 치솟는

장성 부흥의
시대가
활짝 열리고
오십 년 동안
잠들었던 도시가

기지개를 펴며
일어나는
향기로운 옐로우 시티

긴 잠에서 깨어나
하늘을 향해
힘차게 비상하소서.

홀로선 노송(老松)

깊은 산장에
홀로 서 있는
늙은 소나무

숲을
편백으로 바꾸기 위해

주위의
소나무는 베어지고

깊은 곳
높은 산 위
홀로 서서
고독을 삼키고 있는가

지나가는 사람들
마음까지도
아리게 하는

외롭게
서 있는 노송

안타깝게 쳐다보는
슬픈 눈망울

오랜 세월 살아온
인간을 닮았네.

벚꽃 알레르기

벚꽃이
활짝 필 때 쯤

꽃망울이
터질 듯이 부풀어

환자들에게
행패를 부린다
왜 콜록 콜록
기침을 하지 않느냐고

콧물을
줄줄 흘려야 되고
눈이 가려워
고통을 받아야 한다고

몸부림치던
꽃망울이 터지고

튀어나온
독한 꽃가루가

공기를 오염시키고
기관지 속으로 들어가
발작을 일으킨다

숨도
쉴 수 없도록
내 몸을 괴롭히며
고생 좀 해 보란다

벚꽃가루는
악마와 같은 존재다

4월의 고통을 벗어나
나 편히 쉬고 싶다.

2018년 여름

태양 볕이
너무 뜨겁다

폭염이
백십일 년만에 처음이라네

숨이 할딱할딱
고통스럽다

인간을
더위로 쓸어버릴까
자연은
알 수 없는 불가사의다.

죽림원

왕대나무가
빽빽이 들어선 숲

대나무
마디마디에
차곡차곡 먹거리가
쌓이고

칠백도 고열에
녹여 낸

보기도
아까운 음식

사람들은
그것을 용찜이란다.

날으는 골프공

잔디 위
쇠몽둥이
얻어맞고 하늘 높이
치솟는 골프공

시야를 벗어나
멀리 날아가는
공을 보면서

마음 속에 쌓인
스트레스 툭 툭 털고

삶의 고통을
공과 함께
날려버린 즐거운
하루.

벚꽃과 동행

사월이면
불청객으로 찾아와
화사한 꽃으로
유혹하는

그 이름
하얀 벚꽃 친구

바람이 꽃잎을
떨어뜨리고
꽃가루를
하늘 높이 날리면

인생 길에
아픈 행복 가슴에 품고

아름다운
동행을 한다.

가려움의 고통

온몸이
스멀스멀 가렵다

열대 지방
보이지 않는 해충이
내 몸에 독을 발랐는지

가려운 곳 긁어서
피가 흐르고
몸과 마음
고통 속으로 빠져든다.

2부
장산제의 속삭임

남도대교

숲속의 장산제(長山齊)

도심(都心)의 하루
몇 번씩 하늘을 뒤덮는
뿌연 안개

미세먼지가
인간의 육신을
병들게 하지만

깊은 숲속
고요한 장산제에는

허파도
즐거운 맑은 공기
심신을 깨끗이 씻는
계곡물 소리

내 인생의 끝자락을
즐거움으로 채워주네.

시원한 바람

더위를 식혀주는
시원한 바람

저녁에는
바다에서
산으로 불더니

새벽에는
산에서
바다로 부네

창문 사이로
휘익 지나가는
눈으로도 볼 수 없는
소리의 축제

인간은 자연을
닮고자 하네.

수국(水菊)

파란 자주 백색
토양에 따라
색상이 변하는
둥근 모양의 탐스러운 꽃

꽃봉오리가 너무 예뻐
냉정, 무정, 거만, 교만을
상징한다네

초여름
아름다운 자태를
자랑하다가

겨울 바람이 불어오면
아름답던 꽃잎들은

낙엽처럼
갈색의 흉한 모습
수국을 사랑하는

사람들의 마음을
슬프게 하네.

통곡의 비

하늘이 흐려지더니
비가 내린다

이슬비 사이로
여인이 나타난다

근심 가득 얼굴에
눈물을 머금고

사랑을 잃어버린
그녀의 마음에

통곡의 비는
하염없이 내린다.

장산제의 속삭임 · 1

풀숲 벌레 울음소리
산새들의
아름다운 지저귐

고라니와 멧돼지의
슬픈 울음

숲 속 새들이
산열매를 쪼는 소리

꿈 속 자연이
내 가슴에도 살아있네.

장산제의 속삭임 · 2

밤하늘에 별들이
쏟아질 듯 반짝이고

산마루에 걸린
둥근 보름달은

숲 속 사람의 마음을
포근하게 감싸주네.

장산제의 속삭임 · 3

깊은 밤
칡넝쿨은
쭉쭉 뻗어가고

바람에 나뭇가지는
힘없이 찢어지는데

찬 겨울
불어오는 북풍에

하얀 눈이
장산재 잠을 깨치듯
휘몰아치네.

장산제의 속삭임 · 4

계곡물이
졸졸졸 맑게 흐르는

속삭임 소리가
장산재에 퍼지면

산장 주인은
깊은 숲속에서

여백의 삶을
그저 고마워하네.

마음 훔치는 초승달

밤 하늘
먼 구름 속으로
조용히 흘러가는
초승달

둥근 형체
어디에 감추고

아름다운
여인의 눈썹 되어

님의 마음을
훔치려 하는가.

고사리 손

하얀 잔설 밑에
대지를 뚫고

거침없이 올라오는
고사리 손

누군가의 손끝에
꺾이지만

인간들의 마음 속에
남아서
맛있는 입맛으로 보답하며

자연의 윤회를
가르쳐 준다.

천금채

산장 텃밭에
뿌려 놓은 천금채

겨우내
눈이불 뒤집어쓰고

모진 북풍을 견디어 내더니
춘설 속에
기지개를 켜는
천금(千金) 같은 상추

따뜻한 봄볕에
쑥쑥 자라서

어느 님의 가슴에
천금 같은 추억을
남기려 하는가.

밝은 별 하나

칠흑같이 캄캄한
밤하늘에
수 없이 많은 별

유난히 빛을 내는
밝은 별 하나 남십자성

누구를 그리며
외로이 밤하늘을 비추나

새벽이 되면
밝은 빛을 잃고
사라져갈 운명인 것을.

산장의 행복

집 앞의
작은 웅덩이

어젯밤 멧돼지가
꿀꿀꿀 목욕을 하더니

아침엔
고라니가 물을 마신다

오늘도 산장에는
그들의 행복으로
가득하겠지.

오동나무

언제부턴가
울타리 밖에

오동나무
한그루 서 있네

산장에서
외롭게 살고 있는
사람의 마음을
위로하고 싶었는지
늦봄에
보라색 꽃
활짝 피었네

둥그런 열매를
주렁주렁 맺어

사람 마음조차
풍요롭게 하네.

붉은 노을

온세상을
밝게 비추던 해가

행복을 마음 속에
가득 채워주고

붉은 노을 속으로
사라지네.

3부
꿈을 빌린 사랑

명지산의 시비

보름달 연정

오늘이
음력 보름인가

달이 휘영청 밝다
달 속에
누군가 보인다

미소를 머금은 여인
남자는 여인을 향해
마음을 열고

둥근 달을
가슴 깊이
품어 안는다.

달의 시인

초저녁
밤 하늘에
초승달이 뜨면

아름다움에
내 가슴을
활짝 열어 제친다

그 달이
휘영청 밝은
보름달이 되면

내 이름을 부른다
보고 싶은 moon 이라고

그믐달이
외로이 서쪽하늘로
사라지면
따뜻했던 내 마음에
문을 닫는다.

행복한 달빛

오늘이 둥근 달이 뜨는
보름인가

소나무 숲 위로
달이 흐르며

밝은 달이
밤 하늘을 비춘다
사람들은 그 달을 보면서
마음을
행복으로
가득 채운다.

그믐달

엊그제
바다 위
바람이 불던 날

보름달
유난히도 휘영청
밝더니만

열사흘 지나니
여인네 눈썹으로 바뀌고

둥근달 찌그러져
가슴이 아프더니

세월 흘러 내 눈 속에
그믐달을 만들었네.

태양과 구름

세부섬에
며칠 째
내리던
비가 그쳤다

하늘이 열리고
눈부신 태양이

삐죽
얼굴을 내민다

햇빛이 대지를
뜨겁게 달구고

수시로
변하는 자연 현상

우리들
인간도 자연을
닮아가네.

사랑스런 여인

어젯밤엔
유난히도 달이 밝더니

오늘은 아침부터
추적추적 비가 내린다

바다 건너
저 멀리 고국 땅에는

아름다운
여인이 기다리는데
가슴 속에
묻어둘 여인

눈 앞에 아른거리
마음 아프네.

꿈을 빌린 사랑

필리핀
비 내리는 세부섬

여인과 꿈 속에서
사랑을 나누었다

오늘 밤
둘이 잠들고 싶다는 말에

웃고 있는 여인
아름답다

꿈을 깨면
그냥 사라질 환상이
오래도록
내 곁에
남아 주길 바라지만

여행이 끝나고
고국에 돌아가면

그 아름다운
꿈은 곧 사라지리라.

사랑은 불꽃

당신의 젖무덤에
얼굴을 묻고

눈, 코, 입
선명하게 그려봤지만

혼불이 빠져나간
뜨거운 가슴

못다 한 사랑의
아쉬움이네.

밤에 핀 꽃

적막 속에 피어나는
외로운 밤의 꽃

사랑은
밤에 핀 꽃이라네

행복은
마음 속에서
영원하리라.

여인의 사랑

어느 여인이
자기를 사랑하느냐고 묻는다

예쁜 얼굴에
근심을 가득 품고
남자는
굳은 표정이다

말로만
사랑한다면
거짓이 숨어 있다고
진정으로
여인을 아낀다면

가슴 속에
꽃이 되어
피어날 거라고.

사랑의 마술

사랑은
어린애 소꿉장난

기분이 좋으면
유쾌히 웃고

마음이 상하면
앙탈만 부리네

깊은 수렁에 빠져버린
애증환자

무엇이
그렇게 아쉬운가

인생살이
멋있게 살면
사랑도 마술인 것을.

갓바위 좌불

팔공산 오르는 길
고요하게 들려오는
스님의 목탁소리

바위를 타고
졸졸졸 속삭이듯
흘러내리는 계곡물 소리

소나무 사이를
가르는 바람소리

길 옆으로
줄지어 서 있는 석등들

목탁소리
계곡물 소리
바람소리에
불 밝힌 석등이
어우러진 곳

갓바위 좌불
석등의 불빛
내세를 비추는
희망의 불꽃이라네.

풀숲의 빗돌

산등성이
풀숲이 우거진 곳

외로이 서 있는
빗돌 하나

이끼 파랗게
덮인 채

보는이 마음을
아프게 한다
오랜 세월
시공을 초월하고

사람들에게
쓸쓸함을 보이며

먼 옛날
화려했던 날들을
잊지 못하네.

사랑은 행복

바다 멀리서
아스라이 들리는 소리
내 마음 속을 후벼 판다

사랑이
무엇인지도 알지 못할 때
큰소리로 불행하다
외쳤지만
좋은 사람을 만나
향기에 취하더니

가슴에 귀 대고
쿵 쾅 소리 들어 보라네

늘그막에 이런 행복
어디서 찾느냐고.

팔공산

팔공산 갓바위
관봉석조여래좌상
위엄을 갖추고
앉아 있네

사람들은
약사여래불을 부르고

가파른 길을 따라
숨을 헐떡이며

오직 한 가지
소원 성취를 위해
아픈 다리 끌고 오르네

비탈진 길
양 옆으로
석등이 줄을 서

마음 속 염원을
비추어 주는 곳
갓바위가
많은 사람들을
미소로 반겨주네

산 위에서
내려다 본 산야는
문무백관이 엎드려
절을 하는 곳
이곳에 와서 부처님께
소원을 빌면

반드시 이루어진다는
갓바위 부처님

오늘도 사람들이
희망을 품고
쉬지 않고 오르네.

4부
바다 위의 보름달

바다에 빠진 보름달

파도를 타는 보름달

끝이 안 보이는
바다

파도는 춤을 추듯
너울거리고

밝은 보름달은
수평선 위로 떠오른다

바람 타고
하얗게 밀려오는 물결

풍덩
바다 속으로 빠져버린
밝은 달이
파도를 타다
둥근 보름달로
탄생한다.

바람 속 목소리

타일랜드 만
밀려오는 파도는
높아 가는데

아스라이 먼 곳에서
들려오는
엄니의 목소리

늙은 어미 두고
어디로 멀리 갔느냐고

아들이 옆에 없으면
살아갈 낙(樂)이 없다고

아들 찾아 바람타고
먼 길 찾아왔네.

야자수에 걸린 달

수평선 위로
둥근 달이
떠오르네

검은 구름이
달을 삼켰다가
뱉어 놓으면

밝은 보름달이
밤하늘 물들이네

구름 사이로
흐르던 달이

야자수에 걸려
내 꿈 속으로
들어오면

웅어리진
그리움이

마음 속
깊은 곳으로
파고드는 밤이네.

성난 파도

세찬 바람에
파도가 밀려 온다

흰 갈기를
휘날리며

바람은
점점 거세지고

성난 사자의
으르렁 소리가 들린다

거센 파도는
모래톱을 덮치고
모래알은
내 가슴을 아프게 때린다.

철썩이는 파도

밤새껏
울어대는 파도소리

이별하는 연인의
통곡소리인가

사랑의 아름다운
비명소리인가.

적도(赤道)

남위와 북위의
시작점

스콜이
스치고 지나간다

더위는
입속에서 보글거리고

야자수는
그늘을 만들어
고마움을 느끼게 한다.

바다 위 보름달

초승달이
벌써 밝은 보름달이 되어

바다 위
둥근 배 되었네

저 배 타고
보고 싶은 님을 찾아

먼 곳 긴 여행
정처 없이
떠나고 싶다

보름달 빠르게
바다 위를 미끄러지고

님은
기나긴 시간
그대를 기다리네.

파도의 함성

깊은 잠
꿈속에서 파도를 만난다

거세게 몰아치는
철썩거리는 향연

파도는
메아리가 되어
가슴을 때린다

그것은
누군가를 향해
울부짖는 함성이다.

야자나무

열대지방
대표식물 야자나무

하늘을 향해 길게
솟아오르고

잎사귀 사이로
파란 하늘이 열린다

둥근 열매 속
달콤한 물이 고여
인간 마음을 훔치는
자연의 선물이네.

가로등 불빛

고층 아파트
눈 아래로

내려다 보이는
가로등 불빛

희끄무레한 불빛 사이로
가을낙엽이
바람에 흩날린다

사랑과 절망이
함께 하던 시절

쓸쓸함과
우울한 마음이

가슴을 아리게 하고

가로등 불빛
마음을 울리는 통곡이다

이제 사랑과 고통을
모두 낙엽과 함께
날려버리고

축복과 희망의
아름다운 새날을
기다리며
행복한 눈물을 흘린다.

보름달의 속삭임

타일랜드 밤하늘
하얗게 밝은
보름달이 떴다

사랑하는 여인이
둥그런 얼굴로

보름달을
쳐다보면서
사랑을 속삭인다

오늘 하루
얼마나 행복했느냐고
환하게 웃는 모습
달 속에 그려져

마음 속에
깊은 사랑을
주고 받는다.

초록빛 집어등(集魚燈)

밤바다
깊은 물속 검은색 물감
짙게 물들고
그 위에
초록색 집어등
환하게
빛을 발산한다

동그랗게 떠 있는
보름달
풍덩 바다 속으로
뛰어들면
바람은 파도를 타고
우우우
울어내고

잠 못 이루는 긴 밤
사랑 때문에
가슴앓이를 한다.

달아 쉬엄쉬엄 가지

밝은 보름달이
구름 바다를
타고 흐른다

구름 속
밝은 달빛이

검은 숲을
환하게 비춘다

숲속의 나무들이
속삭인다
아름다운 달님
쉬엄쉬엄 가자고.

푸른 하늘에 그림을

푸른 소나무 가지 위로
하얀 구름이 타고 흐른다

구름은
푸른 하늘에 그림을 그리며
흘러가고

캔버스 위에는
마음 속 생각들이
그려진다.

보름달과 구름

창밖으로
하얗게 보이는
밝은 보름달

산과 구름
보름달이 어우러져

찬란한 아름다움을
발산하네

산등성이
걸려 있던 밝은 달이

구름을 먹고
검은 구름이 달을 삼키면서

빠른 걸음으로
달려간다

새벽녘
서쪽 검은 산마루

싸늘한 달빛이
숲 속을 잠재우네.

5부
소리의 향연

공작의 울음

소리의 향연

높은 파도가
모래톱에 밀려오고

가을 바람에
낙엽이 지면

철썩 철썩
휘익 휘익
스르륵 스르륵

파도와 바람과 낙엽이
어우러져

소리의 향연을
벌인다

오랜 세월
흘러온 자연의 함성처럼.

천둥과 번개

열대성 소나기가
내리던 밤

어두운 밤하늘
으르렁대는 천둥소리
무섭게 울어대고

마음 속 스치는 번개는
캄캄한 하늘을
밝게 비추네

어둠을 갈기갈기
찢어 놓은

자연의 조화 속
천둥번개

모든 것을
공포로 떨게 하네.

파도 위의 바람

높은 파도 위를
바람이 스치고
지나간다

바람 소리가
파도와 어우러져
슬프게 울어댄다

쌩 쌩 쌩
그리운 사람에게
보내달라는 애원처럼
그렇게.

빗소리 향연

며칠째 내리는 장맛비

오늘도
산장 지붕을 때린다

후드득 후드득
소리가 요란하네

내 가슴 속에
스며드는 빗소리

행복이 가득 깔리는
아름다운
선율이다.

바람의 흔들림

바람이 분다
바람은 소나무 사이로
살랑거리며 빠져나간다

바람이 세월을
가른다

첫사랑 여인의 마음
슬프게 헤집고
살랑댄다

바람은 우리 마음에
깊숙이 파고 들어와

거침없이
흔들어댄다.

섬나라 필리핀

남태평양 연안에
흩어져 있는
섬나라 필리핀

남국의 야자수가
하늘을 향해
손짓을 하고

풍성한 과일이
무진장 널려있는
섬들의 천국

뜨거운 태양이
가슴 깊은 곳까지
비추어 주다가

사람들의 마음 속
행복한 웃음으로
그득히 채워주네.

바람에 춤을

깊은 산골에
스산한 바람이 분다

산장의 지붕 위에
수북이 쌓인

빨강 노랑
갈색 낙엽들

바람에
춤을 추듯이
흩어진다

낙엽들은 어디로
흘러갈까

세월 따라
먼 길을 가는
형형색색

아름다운 손님들

인간과
모든 생물들은
바람에 떠도는 삶

늘 서글퍼 하네.

태풍

강한 바람과 폭풍우를
동반한 자연 현상

어젯밤
집이 무너지고
가로수가 넘어질 거라는
요란스러운 기상 예보 있었네

인간 사회로
비집고 들어오는
태풍

하루가 지난 후
태풍은 허풍이 되고
조용히 숨을 죽이고
사람들의 주위에서
물러갔네.

바람과 파도

바다 위
바람이 파도를 타고
거세게 휘몰아친다

바람은 차츰 거칠어지고
파도는 요동을 친다

바람과 파도는
하얀 물거품을 물고
잔뜩 화가 난 모습이다

험난한 세상을
원망하는 긴 한숨
소리처럼.

꽁지 빠진 공작

아름다운
깃털을 자랑하는 숫공작

칠월의 뜨거운
햇볕 아래

긴 꽁지 털갈이로
빠져 나갔네

지금은
볼 품 없는
공작이지만

언젠가는
우아한 모습

고운 색으로
다시 변신하겠지

공작을 보면서
화려한 과거를
잊을 수 없어.

먹구름과 빗방울

파란 하늘에
먹구름이 몰려온다

숲 사이로
바람이 세차게 불더니

먹구름이 굵은 눈물을
뚝뚝 흘리고

빗방울이 후드득
내 몸을 스친다

빗방울은
남자의 마음을
믿지 못했던
여인의 후회
그 눈물일까.

폭염속의 바람

머리가 뜨겁게
햇볕에 타고 있다

높은 하늘 태양이
짜증이 난 것일까

구름이 해를
가려주는 것이
고통을 받는
인간의 희망인 것을.

잔잔한 파도

며칠 전
거칠게 몰아치던
성난 파도

오늘은 잠자듯
잔잔하다

자연은
인간에게 진리를
가르쳐도

휘몰아치는
파도의 잔잔함을
모른 채
암흑 속 헤맨다

아둔한 그들.

새벽 바람

깊은 산골의
한적한 산장
무더위에
여름밤 새웠다

아침 일찍
짹짹짹 산새들의
노래 소리 잠을 깨고

산 아래에
불어오는 새벽바람
바람을 타고
행복한 하루도
열린다

El condor pasa

온몸으로
악기를 연주하는
인디오

슬픔과 기쁨을
얼굴에 함께 표현하네

혼신의 힘을 쏟는
서글픈 악기의 음률

잉카 문명
몰락의 전설이 있네

왕국의 마지막 왕이
죽은 뒤
안데스의 상징 새
콘도르로 환생

황량한 산맥의 상공을
날아다니며
인디오를 보호한다는
전설의 새 콘도르

자연과 인간이
어우러진
서글픈 환상

말타 악기는
인디오의 아픔을
오늘도 노래하네.

6부
운명은 여신처럼

숲속의 산장

운명은 여신처럼

인간은
삶의 길에서
인연을 만난다네

좋은 인연은
구름을 타고 찾아오지만

나쁜 인연은
태풍을 몰고 찾아온다네

아름다운 발자국
소리에 가슴 조이며
좋은 인연을
기다리는
운명의 여신

행복하다고 생각하는
사람이 얼마던가
멀고 험한
인생 길에 인연들은

운명의 여신처럼
마음에 파고들어
이제야 삶을 깨닫네.

이런 이웃이 있으면

마음은
깊은 강물처럼 고요하고

항상 남을 존경하고
겸손해 하며

부조리한 세상을
바르게 살아가는

이런 이웃이 있으면
행복하겠네.

모래톱 파도

멀리서 파도가
밀려온다

하얀 천을
펄럭이며

모래톱은
파도를 껴안고

우아한 드레스 차림
춤을 춘다.

그리운 여인

필리핀 세부섬
넓은 태평양 하늘에

밀려오는
구름 사이로
살며시 내미는 얼굴

보고 싶어
눈물을 보이는
그리운 여인

비는 추적추적
내리는데

오늘 따라
그녀의 얼굴이
자꾸만 보고 싶네

가슴 속을 파고드는
사랑스런 사람

내 아픈 마음을
슬그머니
훔치려 하지마소.

어느 여인의 행복

십팔 세 어린 나이
부잣집
나이 많은 아저씨를
마음 속으로 사랑했다

정 없는 몰인정한
인간과 결혼하면서
불행은
신혼 초부터 시작되었다

두 아이를 낳은 뒤
인연의 끈은
두 동강 나고

넓은 바다
험한 파도
온몸으로 헤치며

아이들을 부둥켜 안고
눈물을 흘렸다

불행의 시간은
아픔을 간직한 채
조용히 흘러가고

인생의 고통을
그리는 화가가 되었다

불행했던 시절을
가슴 속에 잊은 채
그녀 화선지에
행복만을 그리면서

이제는 사랑하는 사람과
인생의 아름다움을
즐기며 행복하게
살아가는 꿈을 꾸리라.

가슴에 피

요양원에
어머니를 버려두고
오던 날

가슴에 핏덩이가
쌓이는가 싶더니

마음 속에
굵은 비가
하염없이 내렸다.

마지막 이별

인간은 살면서
마지막이라는 말을 한다

학업의 마지막
여행의 마지막
인생의 마지막

슬픈 이별 같은
언어의 선택이다.

잊을 수 없는 마음

어릴 적 예뻐해주던
옆집 오빠

그리움이
가슴을 아프게 누르네

인생의 반환점을
눈물로 돌았을 때

고통으로
일그러진 그 사람모습
아직도 마음 속에서
떠나지 않는

그것이 어린 가슴에
첫사랑인 것을

지금쯤
어디에서 무엇을 할까

이룰 수 없는
인연의 끈
놓지 못하네.

붉게 물든 구름

해가 뜨려고
동쪽 하늘에
구름이 붉게
물들어 간다

구름 사이로
빨간 해가
삐죽이 얼굴을
내밀면

하루를 여는 마음은
행복으로
가득 차겠지

햇빛 내리면
사랑과 행복의
만남도 기쁨이 되리라.

공작의 유혹

정글에서
꽤액 꽤액
공작이 노래하며

긴 꼬리털을
늘어뜨려
짝을 찾는다

깃털이 짧은 암컷
후다닥
잔디 위로 뛰어나가고

수컷은
화려한 날개를
부채처럼 활짝 펴

암컷을 유혹한다
빨리
내게로 오라고.

골프의 인연

삼 년 전 태국
할아버지
내년에 만나요

지난 해
그들을 보지 못했다

금년 4월
어머나 또 만났네요

다시 만난 것이
무척 신기했나 보다

잃어버린
진짜 할배를
만난 것처럼

반갑게
맞아주는
골프의 인연

이게 인생을
살아가는
즐거움인가
행복인가.

고기잡이 배

깊고 푸른 밤바다
밝은 집어등

바다 속의 물고기를
불러 모으네

그물 속 고기는
운명을 탓하며
몸부림쳐도

식탁을
풍성하게 채워 줄 생각에
어부들 마음은
환한 웃음 피어나네.

장신부의 공작

숫공작이
자기 영역을
지키고 있다

언제나 놀던 그곳을
떠나지 않고

모이 찾아온
긴 꼬리 숫 공작

나래 펴고
높은 하늘로
날지도 못하면서

모이 챙겨주는
옛 사랑이
보고 싶다고

오지 않는 장신부를
그리워한다.

부끄러운 양심

오늘
일진(日辰)이
안 좋으려나

신호대기를 하다가
발목에 힘이 없어

앞차를
살짝 건드리고 말았네

삼십 세가
조금 넘은
얄미운 아주머니

고개를 붙들고
차 밖으로 나오더니

목이 아파
금방 죽겠다네

부딪치는
감각도
느끼지 못했는데

일주일
입원비 백오십만 원

부딪친 흔적도 없는 수리비
백오십만 원

돈으로 넓은 배 속을
다 채우려나

부끄러운 양심은
어둠 속으로 숨어버렸네.

깃털의 유혹

수컷 공작
긴 꼬리로
암컷을 마음껏
유혹하다가

어딘가로
훌쩍 떠나버릴
화려한 무늬의 새

아름다운
깃털을
부채처럼
펼쳐 보이더니
다른 암컷의
마음을 훔치려
나무 위에
슬그머니
숨어 있는가.

7부
춤추는 물안개

갓바위 석등

춤추는 물안개

비가 오려나
물안개가
산 밑으로 얇게 깔린다

물안개는
가슴속 깊은 곳에
파고들고

빗방울이
굵어지더니
추적추적
마음을 적신다

비가 그치려나
물안개가
춤을 추면서
산 위로 오르네.

시원한 그늘

소나무 그늘이
햇볕을 막아주면

시원한 바람이
휘익 불어 줄 텐데

마음 속에 불어오는
상상의 바람을
그리워하네.

외로운 시비(詩碑)

명지산 등산길
외로이 서 있는
시비(詩碑) 하나

자연을 벗 삼아
살고 있는

이름 모를
시인의 마음이라네

바람이 불면
숲 속을 헤매고

구름이 흘러가면
노래를 부르네

오늘도
명지산 자락에
시인은 외로움에

눈물 머금고
조용히 살아간다네.

가을 운무(雲霧)

바람이 불어온다
낙엽을 동반하고

스산한 가을바람에
운무가
실타래처럼 흩어진다

한 가닥은
명지산 쪽으로

또 한 가닥은
산장 지붕 위로

가을바람은
낙엽들을 흩날리며

운무에게
춤을 추게 한다.

이슬 맺힌 거미줄

눈부신
아침 햇살 사이로
거미줄이 유난히도
반짝인다

하얀 줄에
매달린 아침이슬

영롱한 빛이
세월을 훔치듯이
화려한 미끼
먹잇감을
유혹한다

일상이
거미와 같다면…….

빗방울 꽃

낙엽 떨어진
앙상한 가지 위

봄비 가득 머금은
빗방울 꽃

아름답게
피어있네

금방 땅 위로
쏟아져
내릴 것 같은
빗방울

그리운 사람의 정 못 잊어
떨어지지 못하고

나무 위에
웅크리고 앉아서
무슨 꿈을 꾸는가

낙엽 떨어진
앙상한 가지 위에.

살금살금

나무 울타리 사이로
칡넝쿨이

살금살금
기어들어온다

널따란 입사귀로
잔디를 덮으며

자기가
이 세상의 주인이라고.

고독의 설화

장산제 산골짝에
눈이 내리네

설화는
아름답게 피어나는데

켜켜이 쌓인 눈길
갈 수 없다네

봄이 되어
쌓인 눈 녹을 때까지
마음 속에
하얀 눈을 담아 둬야지.

바람 부는 명지산

명지산 오솔길에
바람이 불어오네

낙엽이 눈처럼
가슴을 때리며

찬바람에 마음이
시원하게 열리는

행복한 삶속
희망의 천국이라네.

자연을 담가둔 술

지난 해 담가 둔
산열매 맑은 술

돌배, 꾸찌뽕, 으름, 산딸기, 솔잎으로
향을 우려낸 자연의 술
올해도
잊지 않고
산장을 찾아온

귀인의 입맛을
맞추어 주겠지.

적막의 눈

산장을 뒤덮은
하얀 눈

적막이 가슴 속을
파고드네

바람에 날리는
눈송이가
소나무 가지를
스치면
마음이 외로워
눈물 짓네.

촛불 밝힌 두릅

명지산 자락에
봄 기운이 완연한데

두릅나무는
촛불을 켜기 시작하네

가시투성이로
철저히 무장을 했지만

높은 곳은
침입자가 없어
가시도 필요 없네

두릅은
보호 본능으로
조화롭게 살면서
어린 순으로
봄 입맛
돋구어 주네.

명지산 지킴이

호남정맥 칠 구간
명지산 등산길

가시덤불이
갈 길을 막는다

낫으로 길을 뚫고
정상에 오르니

백암산 절벽이
눈〔目〕 속으로 들어오네

가시로 무장한
나무를 쳐내니

멧돼지 고라니가
마음 놓고
살아갈 수 있겠지

명지산 지킴이
충실한 머슴이 된다.

거미의 사랑

거미는
아름답게 지어놓은

화려한 그물로
세 끼의 먹이를
얻는다네

먹이가 떨어지면
자기의 피를
먹어야 하고

몸속 피가 떨어지면
자신은
빈껍데기만 남기고

일생을 마감한다네.

노랑나비

울타리 위로
노랑나비가 날아간다
날개를 퍼덕이며

화려한 색상을
자랑하려나

훨훨 춤을 추다가
푸른 하늘
저 멀리 사라진다.

| 해설 |

자연에 다가가는 품위 그 여유의 서정

| 작품해설 |

자연에 다가가는 품위 그 여유의 서정

노창수

(시인·한국문인협회 부이사장)

예술작품이 향수자(享受者)에게 감동을 줄 수 있는 것은 인류적 공통 유산인 자연 그 원래의 모습〔原象〕에서 그가 요구〔訴求〕한 것을 알려주기 때문이다. —J. S. 융

1

시인의 일상이란 시의 몸과 함께 살아가며 시의 귀퉁이로부터 함께 늙어가는 삶, 즉 시숙(詩孰)이다. 문수봉 시인은 일상의 산을 오르며 유유자적하듯, 내면의 단련을 병행하며 오늘도 시의 산〔詩山〕을 오른다. 그래, 오염되려는 서정을 정화해 가기도 한다. 시를 사랑하지 않는 시인이 어디 있을까만 이번 시집 『빗방울 꽃』에는 그가 삶을 자연과 함께하면서 대저 시업(詩業)에 묻혀서, 사랑하는 그래서 스스로를 완성해가는 시의 사람임이 여실히 드러난다.

딴은, 그의 첫 시집 말미 부분에 이러한 일상적 시학을 그가 걸어가는 서정성의 길이만큼 길게 필자가 언급한 일도 있다.

이번 시집의 자서(自序)에서 그는 "깊은 산 속, 산장에서 보내는 봄·여름·가을·겨울에 걸친 사계절의 자연"이 결국 "꿈"이었음을, 그리고 그 "꿈이 가슴 속을 헤집고 들어와" 오로지 "사람들의 마음을 울릴만 한 그런 시를 노래하고 싶었"음을 말하는 데서, 그의 귀거래사적(歸去來辭的) 자연관을 다시금 펼쳐 읽을 수 있었다. 그건 그가 첫 시집에서 노래한 변함없는 산의 규칙적인 서정에 경도함을 엿볼 수 있지만, 특히 이번엔 그런 시심을 더욱 갈고 닦아 시적 대상에 대하여 객관화된 시선으로 살펴낸 시편들이 많았다.

이제, 시인은 "시의 정령(精靈)에게 아름다운 시상이 떠오를 수 있도록 혼을 불어 넣어 달라는 소망"을 비는 일 말고도, 정서를 정련(精鍊)하며 좋은 시에 다다르고 간구하기를 멈추지 않는다. 하여, 앞서 낸 시집보다 듬직한 시업의 층을 보이기도 한다. 사실 시인들은 각기의 소망은 있으되 이를 잘 드러내지 않으려 한다. 흔히 시집의 자서(自序)에서는 시인으로서의 견해, 경로를 밝히는 즉 창작 동기 같은 입장을 짧게 진술하기 마련이다. 이는 시인의 최근 작품 세계를 엿볼 수 있는 메모가 되기도 한다. 나아가 시적 의지나 창작의 각오 같은 결의와 결기를 보여 준다. 시인은 자연스러운 시상이 막힘없이 시에 배어나올 수 있도록 "정령"에 의탁해 소원하고 있다. 그만큼 시에 투철하고자 하는 의지가 정령을 부르는 데까지 이르러 있다.

프랑스의 비평가 츠베탕 토도로프(Tzvetan Todorov)는 『구조시학(構造詩學)』에서, 시는 필연적으로 두 개의 극한, 그러니까 너무 '일반적인 것'과 아주 '개별적인 것' 사이에서 그의 '진로를 확정하게 만든다'고 했다. 그러므로 시학(詩學)은 다양한 추론들을 통하지만 사실 언제나 비슷한 결론에 이르곤 한다. 그 결론이란, 추상적 성찰은 포기해야 하며 특수한 것과 개별적인 묘사에 시인은 모름지기 힘써야 한다고 강조한 사실이다.

시를 한창 배우는 사람으로서 문수봉 시인은 개별적 묘사를 위해 "정령"을 불러내고 나아가 추상성을 극복하는 과정을 현재 밟고 있는 중이다. 이제, 그가 생산해낸 자연적 삶에 의지가 돋보이는 시, 사물의 정서적 순수를 소구(訴求)로 자기화한 시편들을 골라 살펴보기로 한다.

2

다음 시는 화자가 산 속에서 일상을 지내며 일어난 관심사를 집약하여 보여준다. 소나무와 별들의 속삭임, 그 "옹알옹알"은 화자만이 들을 수 있는 밀어(密語)이다. 그가 밤을 지새며 겪어낸 바를 개별화한 것이다. 이는 앞서 말한 토도로프식의 시적 대화법이라 할 만하다. 밤에 듣는 소나무의 "옹알이"는 별과의 대화이지만 사실은 화자와 나누는 소통의 소리이기도 할 것이다. 그건 오로지 시인만이 듣는 "옹알이"이기도 하다. 여기에서 별과 소나무에게 주는 "왜"라는 물음은 서로의 존재가치에 당착(撞着)하는 일이다. 물론 독자에게도 그 울림은 전해온다. 이렇듯 소나무와 별의 양립을 배치함으로서 시에 안정감을 부여하기도 한다.

어둠이 산마루에 짙게 깔리는 밤

소곤소곤
소나무의 옹알이가 새어나오고

밤이 무르익으면
별들과 정다운 이야기를 나눈다

별아
왜 높은 곳에서 살고 있니
소나무 넌 왜
항상 푸르러 있니

별과 소나무는 옹알옹알
이야기 나누며 한밤을 지샌다.

—「소나무 옹알이」 전문

시의 3연에서, "별아/ 왜 높은 곳에서 살고 있니/ 소나무 넌 왜/ 항상 푸르러 있니"라는 대화를 통하여 둘은 서로에게 다가가기를 시도한다. 두 존재의 거리적 안정감, 그러니까 별의 높은 위치와 소나무의 푸른 항상성을 함께 물음으로서 대비를 구사한다. 시에서 별과 소나무는 의당한 배치인 듯싶지만 밤에 듣는 소리의 대표적 대상으로 시인이 객관적으로 인식된 것이다. 별과 소나무의 대화를 "옹알이"로 듣는, 아기의 눈과 귀를 시로 가져온 모티프로 일견 동화 같은 분위기도 자아낸다. 이는 순수한 시심에서 비롯된 시상이므로 시인만이 발견한 기미(機微)의 시학이겠다.

예술작품(시)을 창작해 가는 과정에 심리적 단계를 적용한 독일의 비평가 요한 볼케이(Johannes Volkeit, 1848~1930년)는 그 단계를 '(1)창작적 기분 (2)창작 구상 (3)내면적 전개 (4)외적 완성' 등의 순으로 말한 바 있는데, 이 시는 그런 절차를 전형적으로 보여준다. 시인이 작품을 구상, 완미하고 이를 객관화할 때까지의 의식 내에 자리한 심리를 고려하고 있는 이유에서이다.

거미는
아름답게 지어놓은
화려한 그물로

세 끼의
먹이를 얻는다네

먹이가 떨어지면
자기의 피를
먹어야 하고

몸 속 피가 떨어지면
자신은
빈껍데기만 남기고

일생을 마감한다네.

—「거미의 사랑」 전문

거미의 생존이란 그가 쳐 놓은 그물에 먹잇감이 얼마나 걸리느냐에 달려 있다. 그물에 먹이가 걸리지 않으면 그는 굶을 수밖에 없다. 만일 허기로 죽을 지경에 이른다면 결국 그는 자기 "피"를 먹어야 한다. 죽을 줄 알면서도 제 몸을 깨물어 피를 먹는 마지막 수단을 동원할 수밖에 없는 것이다. 살기 위해 제 몸을 파먹어야 하는 건 심한 아이러니이다. 만일 그것도 다해 몸속 피가 떨어지면 "빈껍데기"만을 "남기"는 것으로 "일생을 마감"해야 한다.

이처럼 거미는 일편단심 자기를 위한 처절한 사랑에 도달하는 곤충이다. 거미의 제 사랑이 그럴 진대 우리 인간은 너무 허랑한 세월로 자신의 생을 낭비하지 않는가 되돌아보게도 한다. 이 작품은 거미의 굶주린 현실을 극명한 절제적 묘사로 보여준다. 인간이 거미처럼 막다른 데에 이르러 자기희생을 하는 수도 있지만 대부분은 그렇지가 않다. 먹을 게 없을 경우 강도짓을 허거나 남의 약점을 이용하여 금품을 갈취하는 게 인간이다. 그러니 인간보다 거미가 훨씬 더 이타적이라 할 수 있지 않은가.

결국 화자가 드러낸 거미의 생은 비극적 결말이지만 우리 인간들의 낭비적 삶에 대해 어떤 깨달음을 준다, 시에 갈파한 바 거미의 일생은, [화려한 그물을 지음] [세 끼의 먹이를 얻음] [먹이가 떨어짐] [자기의 피를 먹음] [빈껍데기를 남김] [일생을 마감함]의 순으로 이어지는 데, 이게 거부할 수 없는 그의 운명일 것이다.

흔히 '문학작품은 단어들로 이루어져 있다' 고 비평가들은 문학에 언어의 중요성을 버릇처럼 강조한다. 하지만 문학작품은 다른 어떤 언어 표현이나 마찬가지로 그냥 단어들로 이루어져 있는 것은 아니다. 정확히 그것은 '문장들'로 이루어져 있다고 해야 옳다. 그 문장들은 말(parole)의 여러 다른 어상(語相, registres) 즉 문체(style)라는 기저로 용법에 가까운 상상을 동반한다. 그러므로 시인은 모름지기 말의 모습들, 또는 문장들을 위한 효과적 묘사를 다져야 할 일이다. 이는 앞서 츠베탕 토도로프가 말한 대상 파악에 타당성을 확인시켜주는 명제라고도 할 수 있다. 왜냐하면 시인이 마음대로 쓸 수 있는 언어적 집단(문장)과 언어적 수단(연결)들로 과연 어느 것이 시에 유용한가를 살펴보는 일을 시작해야 할 것이기 때문이다.

3

전원주택에 사는 사람들의 공통사가 대저 술을 담근다는 점이다. 그만큼 담근 술은 자연에 묻혀 생활하는 여유에서 비롯된다고 할 수 있다. 다음 시의 화자는 삶에 여유를 즐기는 방법으로 술을 담근다. 하지만 평범한 술 담그기는 아니다. 자신의 집을 방문하는 자, 특히 "귀인의 입맛"에 대해서 "잊지 않고" 배려에서 술 담그는 수고를 즐겨 하는 것이다. 그는 "올해"도 이곳을 찾아온 "귀인"을 기다리고 있다. 그가 찾아올 사람을 기다리며 술을 담그는 일은 유쾌한 일이기도 하겠지만 손님의 가슴을 설레게도 할 것이다. 술을 담그는 재료로는 주로 산열매들이다. "돌배, 꾸지뽕, 으름, 산딸기, 솔잎" 등 한결같이 자연의 향을 우려내고 숙성시킨 천연의 술이다. "산장을 찾아온 귀인"의 "입맛"을 헤아리며 술을 담그는 그의 정성은 이처럼 남다르다. 방문객을 배려하는 마음이 한 잔 술처럼 독자에게 그득하게 차오른다.

지난 해 담가 둔
산열매 맑은 술

돌배 꾸지뽕 으름 산딸기

솔잎으로
향을 우려낸 자연의 술

올해도 잊지 않고
산장을 찾아온
귀인의 입맛을
맞추어 주겠지.

—「자연을 담가 둔 술」 전문

흔히들 하는 "자연을 담가둔 술"은 전원주택의 진열장에 갇혀 전시용으로 그치곤 하는데, 이 시의 화자는 귀인과 함께 먹을 술을 지극 정성으로 장만하는 데서 차별화된다. 그러기에 타자 배려의 정을 느낄 수 있다. 시인이 베푸는 애정과 겸손함이 이 시에 오래된 솔향처럼 묻어나기도 한다. 이는 문수봉 시인만이 지닌 따스한 '인격미(人格美)'가 기저로 된 작품이리라.

인격미와 관련해서는 공자가 말한 바, 미와 예술의 언급에서 거슬러 찾을 수 있겠다. 공자는 인격미란 인(仁)의 구현태(具現態)로 본다. 이는 백기수(白琪洙)가 쓴 『예술의 사색』(서울대출판부, 1992년)의 「인의 구현태로서의 예술」 편에 구조적으로 설명한 데서 확인된다. 즉 [仁(愛), 禮(意), 知(詩), 情(樂)]의 정신으로 타인을 위해 자신이 베푸는 배려의 형식을 언급한 대목이다. 이 같은 인격미의 위상을 「자연을 담그는 술」과 함께 연결지어 보면, 화자는 귀인의 술맛을 헤아려 공자가 칭한 4가지 덕을 좇아 술을 담그는 일을 반복한다는 사실이다. 손님, 그것도 흔한 방문객이 아닌 "귀인"을 기대하며 준비하는 술이니 가히 그 정성이 어떻다는 것을 알만하지 않는가. 공자가 말한 예(禮)를 통하여 실현되는 인격미(이는 순수 예술미, 즉 지(知)와 정(情)에서 나오는 미학과는 엄연히 구별된다)를 지속적으로 구현하는 모습에서 새삼스레 시인의 진지함도 우러나온다. 그래서 「자연을 담가둔 술」은 베푸는 화자의 겸손과 예의가 어우러진, "귀인의 입맛을 맞춰 주는" 매재(媒材)로써 역할을 한다. 이는 화자의 애장주, 아니 음용주로 인식하기의 동기유발이다. 여기선 술맛을 이야기하지 않았지만 은은한 향이 읽는 이에게 이지적으로까지 옮아온다.

4

다음 시는 섬세한 시의(詩意)를 느끼게 한다.

낙엽이 지던 철과 나목(裸木)의 추위를 지나자, 바야흐로 나무가지에는 봄을 재촉하는 이슬비의 빗방울이 맺혔다. 빗방울을 꽃송이로 보는 눈은 탐미의 시각이자 일견 기미의 시법이다. [빗방울=꽃]이라는 시적 아이디어를 낸다는 것은 사물에 대한 예지가 새롭다는 의미 외에도 발상의 전환이라고도 해야 겠다. 마른 나무가지에 빗방울이 꽃처럼 맺힌 그림이 집힐 듯 보여 온다. 화자의 언급대로 물기 머금어 나뭇가지에 조롱조롱 달린 봄비의 빗방울은 꽃이나 진배없다. 전령사처럼 우리에게 꽃소식을 전해주고 그것이 자라 꽃을 피우게 하는 젖의 기능을 하는 이유에서이다.

낙엽 떨어진
앙상한 가지 위

봄비 가득 머금은
빗방울 꽃

아름답게 피어있네

금방 땅 위로
쏟아져 내릴 것 같은
빗방울

그리운 사람의 정
못 잊어 떨어지지 못하고

나무 위에
웅크리고 앉아서
무슨 꿈을 꾸는가

낙엽이 떨어진
앙상한 가지 위에.

—「빗방울 꽃」 전문

화자가 가슴을 조이고 보는 "빗방울 꽃"은 사실 금방 땅 위로 쏟아져 내릴 것만 같다. 이렇듯 빗방울은 관찰자의 조바심을 일깨워 준다. "그리운 사람의 정"을 잊지 못해서 얼어붙은 채 "떨어지지 못하고" 있는 때문이다. 어쩌지 못하고 "나무 위에 "웅크리고" 매달려서 봄으로 향해 가는 "꿈"을 꾸고 있다. 문득 화자는 빗방울의 꿈이 궁금해진다. 그래서 "무슨 꿈을 꾸는가"고 묻기도 한다. 대답이 생략되었지만 그건 아마도 새싹을 틔우고자 하는 희망의 봄꿈이리라. 이처럼 작은 빗방울을 들여다보며 궁금해 하는 관심사는 문수봉 시에서 자주 맞이하는 하나의 메타적 시풍이다. 이런 작품성으로 시적 성숙도를 높이는 예는 더 많다.

나무 울타리 사이로
칡넝쿨이
살금살금
기어들어온다

널따란 잎사귀로
잔디를 덮으며

자기가
이 세상의 주인이라고.

—「살금살금」 전문

칡넝쿨은 나무의 줄기를 감고 올라가 결국 나무를 죽이는 데까지 이르는 수가 있다. 나무들 사이로 "살금살금 기어들어오"기 때문에 몇 달 새 잔디와 나무는 칡넝쿨에 점령당하고 마는 것이다. 그 넝쿨은 키가 큰 소나무, 전나무의 등에 엎이어 자기가 "이 세상의 주인"이라는 듯 행세하기도 한다. 이렇게 칡넝쿨의 영역 차지에 대한 객관적인 사실을 열거하지만, 이 시에서 화자의 속 감정은 더 절제되어 함축적으로 내재된다. 안으로는 무모하게 모든 걸 "덮"어 버리는 칡넝쿨의 암약을 비꼬는 풍자가 슬쩍 비치는 게 그렇다. 칡넝쿨은 산의 주인이 곧 자기라는 식의, 숲과의 주객이 뒤바꿔 놓는다. 그래서 산림을 관리하는 사람들은 칡넝쿨을 베어내어 일단 나무를 살리는 게 좋다고들 말한다. 그러나 시의 화자는 칡넝쿨의 입장도 고려한 평등한 생태로 보고 있다. 그게 폭력적 점령이 아닌 "살금살금 기어들어오는" 자세를 취하는 것이니, 공존공생의 삶의 방식을 생각하게 한다. 그래서 이 시는 생태시학 입장을 취한다. 일견, 앞에서 살핀 시인의 개별화된 시 기법 중에 하나이기도 하다.

생태시학의 미적 체험을 감정적으로 수용하는 것에 대하여는 요즘 많은 시인들이 관심을 보이는 경향이다. 그래, 이 시도 생명시의 서정운동과 맥락을 같이 하는 것으로 읽혀진다. 예술작품(시)을 이 같은 생태시처럼 감정표현(emotional expression)의 한 결과로 받아들였던 견해는 시인·작가의 보편화된 사상적 기저이다. 이는 톨스토이의 예술론 『예술이란 무엇인가』에서도 강조 언급된 바 있다. 시 제목이 '칡넝쿨'이 아니어서 다행인 이 「살금살금」은 미적 체험에 생태적 체험을 입히고 전환시킴으로서 객관적 풍자시학을 발현했다는 데 작품의 의의가 있다.

삼 년 전 태국
할아버지
내년에 만나요

지난 해
그들을 보지 못했다

금년 4월
어머나 또 만났네요

다시 만난 것이
무척 신기했나보다

잃어버린 진짜 할배를
만난 것처럼
반갑게 맞아주는
골프의 인연.

—「골프의 인연」 전문

스포츠는 시합 대회보다는 만남이 우선이라는 말이 있다. 그만큼 스포츠에서는 경기보다 인간적 접근에 무게를 더 싣는다는 이야기이다. 이는 승부를 떠나 친목이 중요하다는 것일 게다. 한 모임이 결성되면 여럿이 운영해야 하므로 회원들 간에 지켜야 할 것들을 회칙으로 정하여 이를 문서화한다. 골프모임은 이 취미를 즐기는 사람들끼리 조직하고 운영한다. 모임의 성격에 따라 회칙은 달라질 수 있지만 기본적으로는 모임 목적, 회원 자격, 회원 권한, 모임 규칙, 모임 활동, 회비 등의 내용으로 구성한다. 요즘 모임엔 소통을 위한 프로그램으로 짜는 수가 많다. 최근 남북 간 완화된 대화와 평화적 소통도 사실은 평창 동계 올림픽에서 계기가 되지 아니했던가. 이 시에서 언급된 "골프 대회"에서도 경기를 마치고 "삼 년 전" 헤어지던 때, "태국 할아버지"와는 "내년에 만나요"하고 작별했다. 그래 지난 해는 보지 못하다가 "금년 4월"에 다시 만나게 되었던 이야기이다. 해서 "어머나, 또 만났네요"라고 재회의 기쁨을 풀어놓는다. "잃어버린 진짜 할배를 다시 만난 것처럼 반갑게 맞아주는" 것을 모티프로 하여 시의 극점이 "골프의 인연"에서 발현되고 있다. "삼 년 전"의 할아버지는 만나는 기회를 전혀 생각하지 못했던 사실을 복선에 두어선지 이 시는 더욱 소탈하게 읽힌다.

5

다음 시를 읽으면 한때의 숫 공작의 자랑이 한 허무한 일임을, 그래서 순환의 자연관을 보인다.

암 공작 앞에서 "아름다운 깃털"을 뽐내는 일은 숫 공작의 자랑이다. 숫 공작에겐 그 일만큼 중요한 일도 없을 것이나 사실은 본능적인 제스추어일 것이다. 시적 소재를 수컷이 암컷을 향한 자존적 본능을 드러낸 바를 피력했다. 펼쳐진 공작의 화려한 깃털을 보는 사람들은 이구동성으로 감탄한다. 그러나 이는 암컷을 부르는 몸 개그 같은 걸 과장되게 보이는 것일 뿐이다. 이제 "칠월의 뜨거운 햇볕"에 "털갈이"를 시작하면 이런 개그도 그저 잠깐에 불과하다. 그의 "긴 꽁지"가 서서히 빠지기 때문이다. 그래 "볼품없는" 공작 신세가 되지만 "언젠가는" 또다시 "우아한" 본래의 모습으로 환원될 것임을 기다린다.

아름다운 깃털을
자랑하는 숫공작

칠월의
뜨거운 햇볕 아래

긴 꽁지
털갈이로 빠져 나갔네

지금은
볼품없는 공작이지만

언젠가는 우아한 모습
고운 색으로
다시 변신하겠지

—「꽁지 빠진 공작」 전문

이렇듯 이 시는 공작의 털갈이 사실을 객관적으로 적시한 것이

전부일 뿐이다. 그러나 전하는 메시지는 분명하다. 아름다움이란 숫 공작의 경우처럼 한 때의 부귀영화에 다름 아니다. 아름다운 깃이 빠지고 나면 초라해지고 다시 순환적 이법에 의해 좋은 깃털을 입게도 된다. 마치 잎을 떨구는 가을과 겨울의 추위를 지나야 새싹을 틔우는 봄이 오는 것과 같이. 우리의 생은 공작의 털갈이처럼 흥진비래(興盡悲來)로 붙여지는 일이 많다. 그러나 그도 한 때, 늙어지면 모든 게 서서히 사라지게 되는 것을 이 숫 공작이 아는지는 모르겠다.

강한 바람과 폭풍우가
동반하는 자연 현상
어젯밤 집이 무너지고
가로수가 넘어질 거라는
요란스러운 기상 예보가 있었네

인간사회로 비집고 들어오는
위험한 태풍

하루가 지난 후
태풍은 허풍이 되고
조용히 숨을 죽이고
사람들의 주위에서 물러갔네.

—「태풍」 전문

태풍은 바람과 폭우를 동반한 채 휘몰아 온다. 요란스러운 기상 예보와 함께 일상을 비집고 들어와 거기 안주한 사람들을 긴장하게도 한다. 삶의 과정에서 이 같은 긴장의 순간은 어느 정도는 필요하다고 말하는 사람도 있다. 태풍이 일어남으로써 세상의 불규칙과 혼돈을 뒤집어 바로 잡는 효과가 있다는 것이다. 깊은 바다에 파도를 일으켜 수온을 고르게 하고, 잠든 흙을 깨워 미생물을 분산시키는 등, 일상에 젖은 사물들과 사람들의 안위한 나태의 시간들을 되돌아보게 한다. 그러나 태풍이 영원한 건 아니다. 화자가 지적한 대로 하루가 지나면 곧 허풍이 되고 만다. 그는 주위에서 언제 그랬냐는 듯 조용히 물러간다. 처음은 장대하지만 끝은 보잘 것 없는 게 태풍의 생이다. 용두사미(龍頭蛇尾)의 존재이다. 한 때의 위험한 태풍은 무관심한 우리 일상사를 되돌아보도록 계기화, 신호화한다. 강한 태풍이 허풍이 되는 날 사람들이 다시 일상으로 돌아오는 과정을 보여줌으로서 솔로몬이 말한 '이 또한 지나가리라' 는 흐름법칙을 말하고 있음직하다.

6

이상으로 문수봉 시인의 자연관, 인간관, 사물관을 일별해 보았다. 시인은 자연을 보는 품세를 관찰자적 위치에 있으면서도 곁에 따스한 여유를 앉힌다. 해서 겸양과 소박을 함께 지니고 있다. 그의 이번 시에는 온유한 인격미가 침윤되어 촉촉한 사물의 서정을 회감하고 있다. 그의 삶 또한 자연의 섭리를 좇아 무리하지 않은 여유도 즐긴다. 그러므로 시인은 가장 사람다운 깊고 따뜻한 정을 지닌 사람이라고 할 수 있다. 하물며 주위의 흔한 사물에 대해서

까지도 정서의 온기를 입혀 노래하는 시인이기에 그렇다.

예술작품(시)에 대한 시인의 미적 체험은 반드시 정감의 환기로서만 끝나는 것은 아니다. 체험이 심화됨에 따라 인격적 미의식도 수반하게 되는데, 문수봉 시인을 이에 병행시켜 볼 수 있다. 그의 시는 결국 순수미와 인격미의 버무러진 음식이랄 수 있겠다. 독자가 먹기(읽기) 쉽고 마시기(음미하기) 쉬운 시 말이다. 그렇듯 그의 시가 보편적 정감을 수반함도 쉬운 시를 표출하고 있다는 이유로 설명될 수 있다.

끝으로 이번에 상재하는, 장산제에 가득한 소나무 숲에서 나무들이 속삭이는 "옹알이"를 듣고 "별"과 대화를 나누며, "빗방울꽃"이 지지 않도록 조바심을 내는 기미의 서정으로, 마침내 시집을 발간하는 구름판에 이르게 됨을 축하드린다.

필자는 시인이 주선한 많은 나무와의 대화, 원 자연과 소통할 수 있는 시의 잔치에 초대되어 반갑게 소통했다. 항상 푸른 나무와 가까이 사는 시인의 모습에서, 너그러운 인정, 그리고 청년 같은 기개가 있음을 알게도 되었다. 이제, 글 머리에 얹힌 독일의 식물학자 J. 융(Joachim Jung, 1587~1657년)이 말한 "예술작품은 자연의 원래 모습을 할 때 가장 감동적"이라고 한 말을 새겨 읽는다.

시인에게 앞으로 많은 이야기를 풀어내는 숲의 시를 기대해도 좋다는 데에 이르자, 우수수 나뭇잎 지는 10월의 마지막 밤을 이 시집과 함께 그 끝자락을 넘긴다.

문수봉 시집_ 빗방울 꽃

초판 인쇄 | 2019년 6월 25일
초판 발행 | 2019년 7월 1일

—

지 은 이 | 문수봉
발 행 인 | 이광복
편집국장 | 김밝은

—

펴낸곳 | 사단법인 한국문인협회 THE KOREAN WRITERS' ASSOCIATION 月刊文學 출판부
주소 | 서울시 양천구 목동서로 225 대한민국예술인센터 1017호
전화 | 02-744-8046~7
팩스 | 02-743-5174
이메일 | klwa95@hanmail.net
등록 | 2011년 3월 11일 제2011-000081호
ISBN 978-89-6138-411-7 03810

—

값 10,000원

—